가난은 유지되어야 한다

가난은 유지되어야 한다

김사이 시집

차례

가을운동회	9
얼룩	10
그림자	12
계속 다음	13
간극	15
퇴근에서 출근 사이	17
투영	19
몸의 기억	21
그만 퇴직하세요	22
역공	24
사실은	26
미완	29
용서하지 마라	31
불안한 동거	32
야경에 들다	35
너무 늦지 않기로 해요	37
서울 길	39
감정시장	40
편리를 사다	42
기억	44
극한 직업, 사람	45

견고한 지붕 아래	47
옹이	49
갱년기	51
낭만적인 착각	53
전기	55
인력시장	57
고해	59
어떤 통증	63
시인 노트	65
시인 에세이	69
발문 ǀ 그만큼의 서사와 삶의 노래_박형준	75
김사이에 대하여	83

가난은 유지되어야 한다

가을운동회

　아이는 농사일에 바쁜 부모를 뒤로 홀로 걷는다 가을을 닮은 체육복을 입고 코스모스 하늘거리는 길을 걸었다 만국기 펄럭이는 운동장에 학생들과 응원 나온 부모들이 청군백군 어우러져 울긋불긋 단풍 들었다 아이는 스스로 적막해졌다 백 미터 달리기가 시작되었다 달리기를 못하는 다리가 하얀 출발선 앞에서 바들거린다 심장이 쪼그라든 대기 시간 오줌이 마려웠다 탕 총소리가 울렸다 한 발 먼저 내디뎌 달렸다 선두로 출발했으나 몸은 뒤뚱뒤뚱 처지며 꼴찌로 도착했다 소풍날 보물찾기에서 한 번도 보물을 찾지 못한 그럴 때도 아무렇지 않았다 배가 고플 뿐이었다 돗자리 펴고 옹기종기 모여 김밥 먹는 가족들이 파란 하늘에 담겼다 배가 고픈 아이는 스스로 자기의 이름이 불리지 않을 그 가을운동회 풍경의 배경이 되기로 했다 아이의 길에 이변은 없었다 무채색으로 자라난 아이는 보려고 하면 보이고 들으려고 하면 들리는 멀지 않은 곳에 그늘의 배경이 되었다

얼룩

 한쪽 날개가 부러진 햇살이 폐허의 난민촌으로 추락했다

 추락한 햇살을 씹어 먹으며 바람은 안간힘을 다해 날갯짓했다

 안간힘을 그러모아 비대해진 슬픔이 다시 무명들의 꿈으로 파고들었다

 구겨지고 찢긴 이력으로 노동은 오래 앓다가 밥을 끊었다

 문턱 없는 불안 문턱 있는 계급은 늙거나 낡거나 죽지도 않았다

 세 치 혀의 무게만 한 거리를 두고 부역자와 조력자는 수시로 흥정을 했다

더러워서 무서워서 돌아앉았던 자리마다 수치로 축축하다

그림자

고속도로 옆 입장휴게소
크고 작은 화물운송 트럭들이
침묵시위 하듯 나란히 고요하다

수백수천 킬로미터를 질주하며
온통 상처투성이인 화물 트럭들

기름값과 운송료를 헤아리면서
동료가 기사를 품고 단잠에 빠졌다

단잠이 쪽잠 되지 않은 노동
서로가 서로를 다독이는

계속 다음

시급이 떼이지만 않으면 좋겠고
수족처럼 부리는 근무시간만 아니면 좋겠고
4대보험 없어도 월급만 꼬박꼬박 입금되면 좋겠고

정규직이 아니어도 좋다
계약직이어도 좋다
단기 알바라도 좋다

병시중이 절실한 식구가 있는데
아이를 홀로 두고 일하러 갈 수가 없는데

어정쩡하게 가난해서
학자금 보조도 청년주택자금 지원도
자격이 안 되는
너라는 시간은
산소호흡기 낀 가난이라고 증명해야
다음 너를 대출받는

가난은 자본의 밑천
그러니까 가난은 유지되어야 한다

빚이 빛이 되는 양극화 속으로
다음 이력서를 쓰고 다음을 면접한다
열심히 하겠습니다, 다음

오늘 양식은 어제로 소진되고
엄살도 사치여서 가릴 것이 없다
오래전 함께 나누었던 눈물조차 마른
나라는 시간은
굶지는 않아도
아직 굶어 죽지 않았으니

간극

지하 수로에서 작업하다 빨려들고
흔들리는 비계에서 작업하다 추락하고

경비 노동자가 정규직이라니
청소 노동자가 정규직이라니

육아와 집안일이 노동이라니
식당 아줌마들이 노동자라니

청년 예비 의사의 죽음은 아까운 죽음
비정규직 청년 노동자의 죽음은 아까운 돈

고급 노동력에 고급 대우는 합리적
값싼 노동력은 최저임금 바깥에 머물고

내가 공들인 정규직 사원증
급이 다른 너는 내 공을 날로 먹으려 하지 마

나는 가질 수 있어도 너는 못 가져
내가 가질 수 없으면 너도 못 가져

애초 운동장은 기울어져 있어
차별은 평등하고

인공지능에게 밀려나도
이름을 달리한 노동은 계속된다
자리를 달리한 죽음은 계속된다

퇴근에서 출근 사이

사람들과 차들이 북적북적한 네거리
앞서거니 뒤서거니
우르르 얽혔다가 풀리는
퇴근길 풍경을 바라보았던
퇴근 시간 버스에 앉아 있는 내가
뿌듯했던 날들

숙취에 어기적거리며
터질 것 같은 지하철에 구겨지고
일 분 지각하지 않기 위해 뛰어서
내 자리에 앉아 성실한 노동을 시작하는
보람찬 날들이었지

상사의 억압이나 꼰대질에도
동료를 가장한 얼굴의 뒷담화에도
일은 재미있다고 나를 다독이며
어쩌다 약속 없는 상사가 나를 위한답시고

술 먹자고 할 때도
어정쩡하게 마주 앉아 술주정 들으면서
월급날을 기다리는 것이었지

드럽다고 여기저기 하소연 흘리며
출근할 땐 때려치우리라 마음먹고
퇴근할 땐 내일 야근해야겠네 하는데
저기 직원은 더 힘들겠구나 하는 날들이 늘면
월급날이었지

사원증 목에 걸지 않아도 닮아 있는
점심시간 아이스아메리카노 한 잔씩 들고
삼삼오오 불안을 공유하며 안간힘 쓰는
꿈일까? 꿈이었지

너에게 소속되기 위해 생을 걸지만
너에게 버려지는 건 한순간이었다

투영

젊음이 감투가 아니듯
늙어가는 일이 허물이 아니듯

세상에 태어날지 말지를 선택하지 않았다
네가 안쓰러워 너를 안고 뛰어내린다

너는 성을 선택하여 태어나지 않았다
성이 무엇이냐에 내 자리는 극과 극을 달린다

계약직은 계약직끼리 뭉치지 않는다
계약직 사이에도 서열은 정해진다

일하고 싶은 젊은 너는 갈 곳이 없다
일할 수밖에 없는 늙은 나는 오라는 데가 없다

자연스럽게 젊은 너는 기약 없이 늙어가고
자연스럽게 늙은 나는 처절하게 죽을 것이다

너와 같은 내가 있고
나와 다른 네가 있다

몸의 기억

철 따라 깨 갈고 모심고 고구마 캐고 벼를 벤다 새벽을 깨우는 봉고차는 한 무더기 인부들을 태우고 양파밭으로 배추밭으로 질주한다 한 푼이라도 벌겠다고 긴 하루의 곳곳에 파스를 붙인다 복대를 둘러 고단한 몸뚱이 이고 지고 끌고 간다 멀쩡한 이름 제대로 불려본 적도 없이 살림하랴 자식 키우랴 농사일하랴 끊이지 않았던 노동의 일상 평생을 일하는 데 부린 몸은 하나둘 어긋나며 밤낮으로 흘렸던 땀이 메말랐다 충실했던 한평생이 시름시름 앓는다 맥박이 흐릿해질수록 고독은 깊어졌다 남들은 일하는데 놀고 있어서 미안하다고 죽으면 썩을 몸뚱이 놀리면 뭐 하겠냐고 징글징글할 법도 한데 아무것도 안 하고 있는 오늘이 죄스럽다는 입버릇 서늘한 그 무엇이 가난의 밑바닥에 흐르는 원죄처럼 위험하게 들러붙는다 노동에 잠식당한 노동 죽어야 끝내는 노동 한눈팔지 않고 성실했던 노동의 늘그막에 사람보다 풀들이 처연하다

그만 퇴직하세요

하루치 거리만큼 무방비로 줄 서 있다가
느닷없이 진실 너머로 사라진 그대
슬퍼할 겨를도 없이
그대 떠난 자리에 내가 투입된다
뺏고 빼앗기는 밥줄의 공식이니까

온전한 고용보다 안전한 일터보다
노동자를 노동자로 돌려 막고 축적한 곳간에서
풍요를 걸친 자들이
법쩐을 구들장 삼아 밥을 먹는다

젊은 노동자가 십수 년 복직 투쟁하다
정년을 일주일 앞두고도 거리였다
복직 투쟁하면서 반쪽이 된 늙은 노동자는
정년퇴직하는 날까지 복직하지 못했다

가난한 밥이 선한 것만은 아니다

법 없이도 사는 사람에게
밥과 법이 평등했던 적이 없듯이
법은 쩐의 기술자가 되었다

정체성을 상실했으나
쩐의 힘으로 버티고 있으니
수평을 잃은 저울
무딘 칼
낡은 법전

역공

직장 그만두던 날
우산 없이 빗속을 걸었다
엉겁결에 챙긴 슬리퍼와 칫솔
싸구려 배웅을 기념으로
버렸다

고무줄 같은 해고
일회용품과 닮았다
내가 흘린 성실한 땀은
흔적도 없고

먹고살기 위한 노동이
어디로 흘러가고 무엇에 닿아 있는지

나의 불안을 보살핀 일회용 마스크
쓰고 버린 마스크가 아무 데나 널브러졌다
마스크 끈에 다리 말린 새가 속속 죽는다

나는 살고 너는 죽는다

버린 것들이 돌아온다

버려진 것들에게
내가 버려진다

자본의 산물이
편리였다가 골칫덩이였다가
경고로 돌이킬 수 없는 가치로 온다

사실은

이십대에 돈 벌러 서울로 떴다
수강했던 학원 소개로
사보 발간실의 편집부원으로 들어갔다
사무직 간판이 폼 나서 내심 뿌듯했다
어디에 붙었는지도 모를 구로동에 사는 건
그다지 중요하지 않았다
서울에서 사무직으로 취직한 사실이 중요했다
명절 때 고향 내려가면 아버지는
김 양 우리 김 양 하며 좋아했다

잘난 척하다 뒤통수를 맞았다
기사 쓰고 편집하는 대신
커피 타고 청소하고 심부름하고 접대하고
미스 김 미스 김, 미스이고 김 씨이긴 하나
내가 왜 이런 일까지 해야 하는지
마음이 구겨져서
끙끙거리다 때려치웠다

딴에는 부당함을 참지 않았다고
할 말은 했으니 정의로웠다고
알맹이 없는 자위였다
나름 영리하게 나와 내가 속이고 속았다

내 이십대는 구멍가게였으나
패거리 의식 교만 나태 시기 탐욕 그리고 열정
오밀조밀 있을 건 다 있었다
그 이십대의 나를 지나온 것이다
나의 이십대를 잊고서
나의 건방을 아주 관대하게 잊어버리고
뒷담화 안주로 이십대 너를 씹었다

미스 김은 궁둥이를 뭉개면서 중년이다
커피 타고 청소하고 우편물 부치고
화장실 쓰레기통도 치우듯이
무엇이든 아무렇지 않지만

어디에서도 쓰이지 않은 구직자다

미완

시간을 품고 시계들이 죽어 있다 밥을 주지 않아서 죽어 있다

그리움은 수몰된 꿈속에서
피투성이로 돌아와 나를 갉아먹을수록
내 땀은 누군가의 시간으로 무한 충전되고

너의 청춘이 가느다랗다 알바에서 알바로 소진되는 배고픈 청춘

색색의 불빛 아래 빛나는 낱장의 시간들 빛을 버려도 닿을까 말까 한 정규직 통통 부은 다리는 외로워져서 시간을 잃었다

밥을 먹었는지 굶고 있는지 관심 없는
나는 폐경에 접어든 노동력
아파서 달마다 며칠씩 뒹굴며 지나온 여자의 시간

완경의 가치보다 불안정한 내 자리가 우선이다
달라진 건 없이 한 번뿐인 나는 유한하고

용서하지 마라

손가락에 붙잡힌 낱말들이
푸른 몸뚱이를 야금야금 파먹는다

바이러스 변이하듯 들러붙는 주둥이들
나를 훔치는 눈동자들

말끔히 발라먹힌 아이
한 번뿐인 몸을 짐승들에게 버렸다

시선에서 멀어진 몸뚱이는
죽어서야 따뜻하다

불안한 동거

치마를 들치는 아이스께끼
짓궂은 장난으로만 생각했던 놀이
장난이 진화할수록 기억은 골병든다

통통했던 어린 손을 돼지 발이라고 놀린 체육 선생
족발 먹을 때마다 맛있게 생각한다

술집 공용화장실에서 남학생이 걸어 나온다 문 앞에 선 여학생을 비켜 가나 했는데 순식간이다 가슴을 그러쥐었다 그러고는 냅다 튀었다

한여름 반바지 차림으로 모임에 갔을 때 자주 보았던 선배가 '무다리가 튼실하네' 하면서 쓱 종아리를 쓸어내린다 태평하게 웃는다

어느 진보 인사들의 행사가 무르익을 즈음 저명한 선생님의 눈길이 끈적하다 먹이를 노린 끈끈이처럼 뒤를

좇으며 머리꼭지에서 발끝까지 발가벗겼다

  여자라는 핏줄은
  어디에 서건
  동료였던 적이 없다

  살아 있는 계급장도 무력화시키며
  약 먹여서 찍고 두들겨 패서 찍고 쫓아다니면서 찍고
사랑한다고 찍고 일거수일투족을 CCTV도 찍고 블랙박
스도 찍고 너도 찍고 나도 찍고

  희롱과 추행을 덮어 주는
  조직의 동료애는 단단하다

  옆집 사람으로 점잖은 이웃으로
  누구에게는 목숨보다 귀한 가족으로 있다

철벽같은 조직망을 피해 도망쳐도

끝날 때까지 끝나지 않은 스토킹처럼

야경에 들다

분리수거하다
설거지하다가
울었다

찬란하게 불타는 도시의 야경
고백 한번 못 한 짝사랑 같은

착각이 배가 불러서
나는 습관이 되었다

습관은 권태로웠고
나를 데려가는 시간은 권태가 없다

들리지 않는 네 얼굴을 듣고 싶어서
보이지 않는 네 목소리를 보고 싶어서
가만히 있지 않았으나

길을 잃은 골목길이
가만히 있었던 오늘을
오래도록 서성이고 있다

너무 늦지 않기로 해요

두통 없는 하루가 지나가요
멀미 나지 않는 하루가 저물어요
몸살 없이 무사한 오늘이에요
오늘이 지나면 내일이라 믿었어요
오늘이 지나도 내일은 아니었어요
오늘 하루만큼 죽어간 나의 오늘이었어요
나를 죽이면서 날름 삼킨 오늘이에요
농담이라고 하니 몸살이 났어요
별것도 아닌데 예민해서 더 예민해졌어요
오늘이 잘릴까 봐 두려웠어요
나 없는 나의 하루하루 일상이에요
미세먼지처럼 스며들었어요
억누르고 침묵했던 오늘이 길이 되었어요
냄새난다고 버리지 못하게 한 생리대를 다시 가방에 쌌어요
거식과 폭식이 치고받으며 슬픔을 외면해요
수행하듯 삭였던 침묵은 진짜 인형이 되었어요

오늘이 된 인형의 길을 소리 없이 뒤따르고 있어요
그래요 중독된 날들이에요
나를 찾아오는 기억이 너무 늦지 않기로 해요
나는 지하방 너머 어슴푸레한 달빛처럼 희미해지고 있어요

서울 길

 난데없이 들이닥친 교통사고 같은 것이었다 자고 일어났더니 서울 가는 버스에 앉아 있었다 산자락 밤나무 집을 등지고 나선 길, 버스에 떠다니는 생소한 냄새 사람들의 숨이 뒤섞였다 낯선 사람들에 두드러기가 돋는 듯 느글거렸다 머리가 지끈거렸다 아무것도 묻지 않았다 아무것도 궁금해하지 않았다 엄마를 찾아가는 길이라는 것을 어림할 뿐이었다 배 속이 가만히 내려앉았다 창밖으로 맑은 햇살이 달라 보였다 새로운 풍경들이 눈에 들어오자 은근히 두근거렸다 그날 어린 내 뿌리는 여물기 전 미지의 시간에 날치기당했다 이방인으로 끊임없이 나부껴야 하는 이주(移住)의 시작이었다 서울 가는 길, 생애 첫 멀미였다

감정시장

너와 나의 외로움이 달라서
가는 길이 갈라진다

외로워지지 않기 위해
너는 웃는 법을 나는 우는 법을
돈 주고 배운다

홀로 태어나도 축복으로 태어나도
사람으로 태어난 건
사람으로 살아가는 일인데

그 단순한 길을
누구는 사람으로 누구는 짐승으로
무엇으로 누구 때문에 갈라지고 바뀌는지

사파리 안에서 밖에서
고독하게 홀로 살아가는

인간이란 동물은
그 외로움마저 돈으로 환산해서
사고판다

너의 외로움을 구매하고
나의 외로움을 팔고 있다
나는 외로움을 내 돈 주고 산다

편리를 사다

다양한 비정규직 형태처럼
시간도 요금도 감정도
가지가지인 배달 서비스

집안일이 줄었다
요금이 오르고 배달 노동자의 과로가 부풀어도
배달은 어디든지 달린다

클릭 한 번으로
편리는 어디로든 배달된다

배부른 자본이 진화하고 있다

늙고 버려지거나 죽고 버려지거나
잊고 잊히고 사과도 반성도 없이 잊히고 잊고

문밖에 일회용기 흘러넘쳐도

나는 요금을 치렀으니
내 권리는 합당하고

네 몫이다 피로에 후들거리는 고통은

기억

눈 그친 광장이 파랗다
오래전 눈산의 품속에서 뛰놀던 때보다
가난한 몸뚱이가 더 추운

불행이 사냥감을 놓치지 않듯
수도가 얼고 보일러가 터졌다
국회 앞 단식하는 천막 농성장도 얼었다
살려고 입원했는데 죽어 나올까
노심초사 마스크 너머 눈빛이 얼었다
소통이 막힌 관계가 얼었다
상처 아문 자리에 생살이 돋다가 굳었다
어쩌다 당겨쓴 내일이 그러다 바닥났다
일상이 낮은 데로 얼어붙었다

엊그제보다 덜 추워도 아프다
훗날 오래된 풍경처럼 아프다
속절없이 파랗다

극한 직업, 사람

나는 사람인 듯 사람이 아닌 듯하다
몹시도 아득한 절망이다

억겁을 떠돌다 사람으로 태어난 건
사람이 사람으로 불어넣은 선한 숨이었다

불안과 불안이 치고받는 일상의 통증
사람과 사람 사이에 불안이 있다

지구에 가장 오랜 불안은 사람일까
지구에 가장 오랜 미래는 사람일까

잘사는 나라 가난한 나라 가리지 않고
폭우로 폭설로 폭염으로
내전으로 외전으로
하늘에서 바다에서 전쟁 같은 재앙들
사람에게 사람의 얼굴로 총부리를 겨누었다

어린 영혼들이 무너져 내리고
얼마나 피폐해지고 어떻게 죽어가는지
실시간 소식을 듣는다
이 나라가 아니라 안도하면서
살아보겠다고 꾸역꾸역 백신 맞고 돌아서니
살아 있어서 미안하고 살아남아서 미안한
한 끼 밥만도 못한 오늘의 얼굴이다

불안은 깨어 있고 노동은 피로하다

마스크 안쪽 얼굴의 내일은 더욱 알 수 없고
맨홀 뚜껑처럼 날아간 일상이 불안으로 역류한다

견고한 지붕 아래

먼 길을 같이 걸어온 몸뚱이가 앓는다
갈지자걸음에 우울이 달라붙어
무시로 들이닥치는 빚쟁이처럼 위태롭다

너의 가난을 증명하라 탈탈 털어 보여라
네 영혼의 색깔까지 정확하게 기록하라
속이고 속는 자를 걸러내는 동안
성실한 알몸들은 허공에 떠 부유하다
서류에 미끄러지고 절차에 미끄러진다
누구를 위한 것일까

세련된 욕망으로 합리적 욕망으로 유연한 결단으로
가난한 자들의 가난을 맹렬하게 때려잡는
말랑말랑한 왕국의 지붕
지붕 아래 넓고 화려한 대리석 무덤에 누우면
푹신하고 뜨뜻할까나

오랜 패배의 냄새는 퀴퀴한 지하방 같고
오랜 침묵의 냄새는 엇박자 기침 같은
야만의 시간으로 뚜벅뚜벅 들어간다
단단해진 절망을 잘근잘근 씹는다

옹이

　광주에 있는 여고를 배정받으며 자취를 하게 되었다 고향 친구의 먼 친척 노부부에게 방 한 칸을 얻었다 개학 전에 엄마 아버지랑 짐을 옮겼다 노부부와 인사를 하며 잠깐 앉았다 일어섰다 아버지가 나가고 엄마가 뒤따랐다 나도 따라가다가 대문 앞에서 멈추었다 문턱을 넘지 못했다 발이 땅에 붙은 듯 떨어지지 않았다 갑자기 가슴속에서 불덩이가 타들어가듯 울음이 터졌다 울음소리에 놀란 엄마가 오도 가도 못하고 섰다 숨넘어갈 듯했다 나도 모르겠다 그게 무엇이었는지 한두 번 헤어졌다 만났다 한 것도 아니다 막 젖을 떼는 아이도 서러울 일도 초상난 것도 아니었다 친구는 실실거리고 노부부는 어안이 벙벙해 있다 세 들어 사는 총각들도 방문 열고 감상했다 엄마는 묘한 표정으로 바라보기만 했다 낯설었다 무얼 보고 있는 걸까 그저 아무 말 없이 기다렸다 눈물 콧물 다 쏟아내고 잦아들었다 그제야 돌아섰다 멀어져 가는 엄마의 뒷모습에 그림자마저 노을 속으로 사라졌다 새끼 없는 나로서는 그 표정의 깊이를 알

도리가 없으나 언뜻 어릴 적 야반도주하려다 마주한 눈빛 같기도

갱년기

첫사랑이 가고 시가 왔다
시와 동행이 시작되었다
연애하듯이 쓰고
살림하듯이 썼다
시의 본성은 노래라고 했는데
내 시는 노래가 아니라고 한다
긍정도 부정도 하지 않는다
노래는 무엇에서 비롯된 것일까
슬픔의 무게가 가벼웠든 깊었든
그만큼의 서사는 남을 테지만
탄광 속 카나리아처럼
온몸으로 저항한 흔적은 희미하고
전전긍긍하는 나를 보는 나의 정면은
신파에 취해서
길인지 수렁인지 헷갈리며
울다가 쓰다가 웃다가 흥얼거리다가
팔방의 물결이 밀어내는 대로

실랑이하면서 늙어갔다

감수성이 한곳에서 뭉개고 있다

편파적으로 늙고 있다

지금도 조금씩 죽고 있다

너무 오래 머물렀다

무기력이 고였다

낭만적인 착각

때로는 함께여서 거칠 것 없는
그래서 더 무서웠던,
복종을 믿음으로 씹으며
지독히 무지했던 날들
오랜 상처는 무늬를 그렸다
돌아서면 가시덤불에서 잠을 깨고
기억의 낱장들이 불쑥 찾아와
멀미처럼 울렁거리는
불에 덴 듯 깜짝 놀라 털고 털어내지만
찐득하게 붙어 있는 편두통 같은
감정의 얼룩들
사람이 사람에게 마음을 열었으나
잠시 통했다고 느끼는 순간
나는 나대로 너에게 색칠을 하고
너는 너대로 나를 재구성하고
관계는 늘 한 박자씩 어긋났다
그게 무엇이었든 간에

뜯어먹기 좋은 알몸뚱이로 내던져진
그 거리에 내가 있다
누군가에게는 낭만으로
누군가에게는 고열과 같은 통증으로
어쩌면 그 사이에서 비틀거리고 있을
푸릇했던 시간

전기

너 아니면 안 돼
너를 대신할 수 있는 건 없어

너는 깨어 있어야지
너는 무조건 흘러야지

너 없는 일상은 공포
너 없는 세계는 혼돈

너는 인간을 살리고
인간은 너를 탕진하고

너의 몸값은 비싸게 오를 것이고
네가 아무리 비싸도 살 수밖에 없지

너 없던 시절로 돌아갈 수 없는데
너 없을 내일은 성큼 다가온다

네가 멈춘다면
네가 사라진다면

인력시장

믿음이 부실공사다

꿈은 냉동실에 처박힌 빵

노동자 없는 노동

배 아픈 욕망 배고픈 욕망

절망스럽게 소비되는 절망

끼니 같은 앰뷸런스 끼고

일상에 중독된 죽음

죽음에 중독된 일상

무덤으로 출근하고

관계에서 야근한다

고해

쌀이 없다. 쌀을 살 돈이 없다. 네 가족이, 두 가족이, 한 가족이 굶주린다. 수도와 전기가 끊긴 채 지내다 목숨을 끊는다.

가만히 있다가 가라앉았다.
위급 신호에 아무도 대응하지 않아 압사되었다.

아기가 태어나서 기록도 없이 죽는다. 쓰레기통, 비닐봉지, 냉동고에 박혀 있다. 길가나 산속에 버려진다. 실종되거나 바다 건너로 입양된다.
부모에게 맞는다. 양부에게 폭행당한다. 학교에 가지 못한다. 세상과 단절된 채 굶주리다가 방치된 아이들이 도망치지도 못하고 죽는다.
집, 어린이집, 유치원에서 영문도 모른 채 이불에 깔려 질식사하고, 꼬집혀서 멍들고, 평생을 장애로 누워 있다. 일생이 얼룩진다.
그 어떤 죄도 없는 아이들. '한 아이를 키우려면 온

마을이 필요하다'는 성찰이 무색하게 수많은 아이들이 어른이 되기 전에 어른에게 죽어간다.

독박 육아로 시든다. 출근 시간 옷자락 붙잡는 아이의 눈을 보며 죄책감이 든다. 아내라는 이름으로, 여자라는 놀잇감으로 병든다.

화장실에서 칼 맞아 죽고 대로에서 몽둥이로 맞아 죽고,
보복 운전과 음주 운전에 온 가족이 죽거나 다치거나 평생 걷지 못하거나,
데이트하다 돈 빼앗기고 날아차기 당하고 끌려 다니고 협박당하고,
직장에서 기를 쓰고 최선을 다하면 잘한다고 접대용으로 불려 나가고,

건설 노동자 떨어져 죽고 컨테이너에 깔려 죽고 무너

져 죽고 끼어 죽고 손가락 잘리고,
　배달 노동자 과로사로 죽고,
　경비 노동자 협박과 멸시와 모멸감에 죽고,

　감염병으로 사랑하는 사람이 죽어가도 그 길을 지킬 수 없었던,
　무섭고 외로웠을 마음 잡아줄 온기조차 닿을 수 없었던,
　눈빛 한번 마주하지 못하고 갈라져서 한 줌 재로 돌아온,
　죽은 이도 살아서 지켜본 이도 억울하고 원통했을 시간.

　무섭다.
　전쟁이 무섭다.
　전쟁만큼이나 사람이 무섭다.
　숱하게 내뱉은 말들이 무섭다.
　밥 들어가는 입이 무섭다.

　덜 사랑했고 덜 절박했고 덜 아팠고.

밥, 차별받지 않아야 할 밥. 나의 해고는 오늘이 될까 내일이 될까. 잠자는 척해도 깨어 있어도 불안한 하루 걸러 고통스러운 시간. 물러설 곳도 없고 갈 곳도 없는. 살아 있는 모든 것들과 공존하기 위한 새로운 저항의 방식을 찾을 수 있을까. 여전히 수많은 이들은 망루에 올라 끊임없이 흔들릴 것이다. 대화는 하는데 소통은 안 되는 이유가 무엇인지, 합리적 개인주의란 명분으로 이기주의가 팽배한 이 시대의 연대는 무엇일지. 공사(共死)하지 않고 공생(共生)하기를, 내가 먹는 밥이 무슨 밥이고 어디에 맞닿은 밥인지 다시금 생각한다.

어떤 통증

끝없이 쫓기며 달리느라
절망조차 기약 없는 시간에
몸을 모시지 못하는 이들이 있다

출근했다가 퇴근하지 못한 사람들
어른이 될 수 없는 아이들
무수히 반복되는 죽음들
죽어도 끝나지 않는 죽음들

습관처럼 침묵해도 누군가는 목소리를 내고
살아남은 나는 계속 내 무덤을 판다
그들의 피를 먹은 어느 패거리들은 거대해지고
죽은 사람은 살아 있는 사람을 탓하지 않는다

카멜레온 같은 변명들 예쁜 포장지에 싸인 반성들
수치심을 잃고 게걸스럽게 밥을 먹는다

초록이 아름다워도 단풍 들지 않는 일상

여름과 겨울이 길어지고 있다
고단한 오늘을 다행으로 사는 이들이 있다

오래전에도 훗날에도 살아가기 위해
나를 죽이는 이들이 있었다

도처에 폭력을 모시고 사는 시절이다

시인 노트

돌아보다

쥐뿔 가진 것 없고 남다른 재주 없이
무식하게 덩그러니 버스에 청춘을 실었지

나름 절박함이었지

꿈이나 설렘 같은 건 없었지
무엇을 하게 될지 어떻게 살게 될지
아무것도 생각하지 않았지

말주변이 변변찮지
센스도 없지
어리숙하지
돈을 펑펑 써본 적도 없고
돈의 의미도 모르면서
돈 버는 기술 없이
돈을 벌겠다고 무작정 올라온
몸과 마음이 참 빈곤한 청춘이었지

공단 구로 벌집 닭장촌 공돌이 공순이 조선족
애칭이 많은
여기
나를 거칠게 부리고
밖으로 내돌리던 가리봉이었지

울타리 안에서는 티가 안 났지
울타리 밖으로 나서야
내가 얼마나 후줄근한지 가르쳐준 가리봉이었지

한때 시보다는 요절한 시인의 요절에 꽂혀서
'서울의 달'을 흥얼거리며
우수에 젖은 듯 신파를 즐겼지

굵고 짧게 살고 싶었지
철딱서니 없었지

잠시 머물다 지나가리라 생각한
가리봉동 구로에서
30년짜리 붙박이장이 되었지

어제 같은 오늘을
오늘 같은 내일을
유일한 오늘을 경배하지

시인 에세이

거기에 바다가 있다

*

 누가 어깨를 흔들고 있는 듯하다. 몽롱한 상태로 눈을 떴다. 순간 눈이 부셔 아찔했다. 온통 환한 빛 속에 있었다. 시공간이 느껴지지 않았다. 걸었으나 길이 없었고 소리를 질렀으나 소리가 없었다.
 무작정 걸었고, 제자리걸음. 문 앞에 섰다. 창호지를 바른 나무문. 어릴 때 살던 집의 창호문이다. 문밖의 상황을 살피기도 하면서, 누군가를 기다리면서 뚫었던. 어떤 겨울에는 구멍 밖 세상을 꿈꾸었던.

*

 버릇처럼 창호지 구멍에 눈을 댔다가 심장이 멈출 뻔했다. 핏발 세운 눈동자. 놀라서 주저앉은 그녀는 물기에 젖은 노래처럼 축축해졌다. 목이 아프고 따끔거렸다. 등골이 오싹해지며 소름이 돋았다. 캄캄한 방 안에

웅웅거리는 소리가 벽을 타고 흘렀다.

　아이야 왜 우니, 엄마 울지 마,

　흐느끼는 듯 달래는 듯, 온몸에 달라붙었다.
　그녀는 아팠다. 아픈 것도 모르게 아팠다.

*

　겨울이 깊어졌다. 도시의 그림자들, 표정 없는 사람들이 종종걸음으로 걷고 있다.
　징후는 곁에 있다가 무엇이 되는 것일까. 그녀는 생각에 빠지면 몇 분 전의 일을 기억하지 못하거나 가스레인지에 얹은 주전자가 타면서 연기가 나는 것도 알아채지 못했다. 그러다 눈에 살기가 돌아 신들린 사람처럼 낯설어지기도 했다. 마치 그 무엇에 서서히 다가가고 있는 것처럼.

*

 지리산 천왕봉에서 해돋이를 보고 내려오다가 길을 잃었다. 안개가 장관이었다. 도시 어디 후미진 나이트클럽 뒷골목 같은 빛깔, 아주 짙고 두꺼운 안개바다. 가시거리가 한 걸음 정도였을까. 대열을 잃고 꼼짝없이 안개에 갇혔다.

 안개가 옅어지기를 기다렸다. 손과 발이 떨리면서 추위를 체감하는 몸으로 긴 시간이 흘러갔다. 동동거리며 말과 말 사이에 초조와 불안이 솟아났다. 언성이 높아지고 서로를 비난하기 시작했다. 아랑곳없이 그녀는 단단한 저 안개바다로 홀연히 사라지는 상상에 빠져들었다.

*

 태양은 지구에서 최대한 멀리 떨어진 곳으로 달아났다. 짠내가 머리칼 속으로 파고든다. 또다시 의문이 든다. 왜 여기까지 왔는가, 만나고 싶은가, 만나면 무슨 말을 할까.

 해송들이 서로 기대어 작은 그늘을 만들었다. 그늘에

숨어 속엣것을 모조리 게워냈다. 쓴 물이 올라왔다. 속이 뒤틀렸다. 잠시 가만히 앉아 있었다. 바닷바람에서 떫은맛이 났다. 끈적끈적했다. 그녀의 시간처럼.

*

 언니, 그는 자기를 사랑하지 않는 걸 알고 있었어요. 알겠어요. 얼굴빛이 왜 그리 슬펐는지. 꿈에 문이 없어졌어요. 그가 문이었어요. 수많은 지친 영혼들이 그를 통과해요. 아이도 있고 엄마도 있어요. 그가 나를 구원하고 갔어요. 내가 너무 꽉 차 있었어요. 아주 팽팽하게 부풀어 있어서 무거웠어요. 내 것이 아니었어요. 움켜쥐려고 발버둥 쳤어요. 덩치만 자란 이기적인 동물이었어요. 이기적인 가면이 감정으로 스며들기 전에 벗어야겠어요. 이제는 나를 홀리고 다니지 않아요. 언니, 나를 붙잡고 있지 말아요.

*

 버스에 올라탔다. 등 뒤로 철컥 어제의 내가 비틀거렸

다. 차창 밖에 검은 연기가 뭉텅이로 치솟는다. 들판 구석에서 쓰레기를 태우고 있다. 흉물스러운 연기가 검은 기둥을 만들면서 겨울 하늘을 먹었다.

  고갯마루 넘어서며 시야를 가득 채운 바다. 바다는 공간이동이 가능한 미지의 입구처럼 거대한 입을 벌리고 있다. 끝을 알 수 없는 블랙홀, 구원의 출구처럼 거기에 있다.

발문

그만큼의 서사와 삶의 노래

박형준(시인, 동국대 교수)

 김사이 시인은 내가 시로서 안부를 묻고 싶은 그런 시인이다. 만난 적은 스쳐 지나가듯 한두 번뿐이었지만, 그의 첫 시집 『반성하다 그만둔 날』(실천문학사, 2008)을 읽게 된 그날로부터 지금까지 나는 마음속으로 문득문득 그에게 안부를 묻고 있는 내 자신과 마주하게 된다. 사람 중에는 아무 이유 없이 그 사람이 좋아지는 사람이 있는데, 그의 시는 저절로 나로 하여금 마음이 열리게 하고 그의 시의 편에 서게 한다. 그 이유는 그의 시에 나타난 시골에서 유소년기를 보내고 도시에서 공부를 하다 서울의 변두리 체험을 하게 되는 과정이 내 경험과 유사한 면이 있어서이겠지만, 무엇보다 가식 없는 진실함이 내 영혼을 울린 까닭이 크다.

 그가 펴낸 이번 세 번째 시집 『가난은 유지되어야 한

다』의 「옹이」에서 그는 고등학교 때 고향을 떠나 광주에서 자취를 하게 된 경험을 토로하고 있는데, 자취방에 짐을 다 풀어준 후 고향으로 돌아가려는 부모님을 배웅하려다 대문 앞 문턱을 함께 넘지 못하고 엄마의 등을 바라보며 까닭 모를 울음을 터뜨리는 장면이 나온다. 나도 유소년기에 인천으로 올라와 누나와 형들과 자취를 한 경험이 있다. 여름에 홍수가 나면 매립한 서해바다의 바닷물이 부엌 하수구로 올라오던 수문통과 산동네 수도국산을 전전하며 살던 때, 나는 이사 갈 때마다 학교에 갔다 온 후 미로와 같은 변두리의 집을 찾지 못해 밤늦게까지 골목을 헤매며 울었다. 그 시절에는 많은 사람들이 고향의 품을 떠나 살기 위해 도시로 왔지만, 그들이 도시에서 보게 되는 것은 죽음과 소외의 얼룩으로 가득한 도시의 변두리였고 그곳에서 마주한 것들은 가슴에 지워지지 않는 옹이를 남겼다.

나는 이번에 『가난은 유지되어야 한다』의 발문을 쓰려다 어느 라디오 문학방송에 출연한 그가 '들고 온' 풍경(風磬) 소리가 떠올랐다. 소리를 들고 왔다는 것은 하나의 메타포이겠지만, 소리도 물건처럼 들고 올 수 있다는 것에서 그 소리는 자신의 삶을 포장한 수사적

장치가 아니라 삶의 진실한 방식과 통하는 것임을 느낄 수 있었다. 그 방송에서 시인은 집에서 풍경을 흔들며 만들어 온 소리를 들려주면서 뭐든지 자연스러워야지 인위적으로 소리를 만들다 보니 귀가 찢어지는 소리가 되었다며 청취자들에게 미안해했다. 손으로 흔들어서 소리를 내는 요령과 달리 처마에 매달린 풍경은 바람에 흔들려서 바람의 길에 따라 물 흐르듯이 자연스럽고 은은하게 소리를 낸다. 그러면서 시인은 물 흐르듯 자연스럽게 이루어지는 삶과 시에 대한 소망을 들려주었다.

> 첫사랑이 가고 시가 왔다
> 시와 동행이 시작되었다
> 연애하듯이 쓰고
> 살림하듯이 썼다
> 시의 본성은 노래라고 했는데
> 내 시는 노래가 아니라고 한다
> 긍정도 부정도 하지 않는다
> 노래는 무엇에서 비롯된 것일까
> 슬픔의 무게가 가벼웠든 깊었든
> 그만큼의 서사는 남을 테지만
> ―「갱년기」부분

그의 시는 위 시의 "그만큼의 서사"와 닮았다. 나는 자본주의하에서는 시인의 언어도 경제의 논리와 닮았다고 생각하는 편이다. 자본주의하에서는 일하는 만큼 돈을 버는 사람보다는 일하는 것 이상의 돈을 버는 사람이 성공한 사람인 것처럼, 시인이 언어를 부림에 있어서도 자신이 생각하거나 노력한 것 이상으로 시적으로 성공을 거두어야 시인으로서 이름을 남길 수가 있다. 하지만 김사이 시인은 언제나 자신이 살아온 만큼, 자신이 일한 만큼만 시가 되기를 바라는 정직한 사람이다. 그런 과정에서 쓰인 그의 시들이 다른 이들의 눈에는 노래가 아니라 삶의 민낯이 그대로 드러난 투박한 소리일지 모르겠으나, 내 눈에는 그의 시에 나타난 "그만큼의 서사"야말로 '탄광 속 카나리아'와 같이 사람이 가장 사람다워질 수 있는 정직하고 진실한 삶의 징후를 우리에게 보여주고 있다고 여겨진다.

그가 이번 시집의「견고한 지붕 아래」를 통해 "세련된 욕망으로 합리적 욕망으로 유연한 결단으로/ 가난한 자들의 가난을 맹렬하게 때려잡는" 자본주의 왕국의 말랑말랑한 지붕 아래에서 가난한 이들의 냄새를 맡는 장면도 내게는 탄광 속 카나리아와 같이 피 토하는 아름

다운 소리, 아스팔트 위로 솟아오르는 풀의 힘찬 솟아오름 같은 노랫소리로 들린다. 가난하고 소외된 이들의 오랜 패배와 침묵에서 냄새를 맡을 줄 아는 것은 김사이 시인만이 해낼 수 있는 것이다. 그가 오랜 패배의 냄새를 퀴퀴한 지하방에, 오랜 침묵의 냄새를 엇박자 기침에 비유할 때, 그 비유는 화려한 시의 수사적 범주를 벗어나 삶과 시가 일치하는 순간에만 경험할 수 있는 가슴을 찌르는 통증으로 다가온다. 이런 시야말로 나는 가장 극한의 고통에 직면해 있는 소외된 사람들과 연대가 가능하고 그들의 편에 서서 이 세계의 아픔을 함께하는 노래가 될 수 있다고 감히 말하고 싶다. 그리고 오랜 패배의 냄새와 오랜 침묵의 냄새를 감지하며 자본주의의 야만의 시간으로 뚜벅뚜벅 걸어 들어가는 단단한 시인의 절망이야말로 "시의 본성은 노래라고 했는데/내 시는 노래가 아니라고 한다"는 이들에게 보내는 정직하고 참된 시인의 시적 항변이라고 생각한다.

또한, 나는 직장을 그만두고 우산 없이 빗속을 걸으며 싸구려 배웅의 기념 같은 "엉겁결에 챙긴 슬리퍼와 칫솔"을 버리며 길을 걷다가 거리에서 "마스크 끝에 다리 말린 새"의 죽음을 보는 「역공」에서는 "버린 것들"에

대한 시인의 연민이 시인 자신과 너무나 닮아 있음을 목격한다. 그리고 그러한 과정이 그의 또 다른 시의 제목인 '극한 직업, 사람'이 되기 위한 눈물 나는 과정임을 깨닫는다.

『반성하다 그만둔 날』,『나는 아무것도 안하고 있다고 한다』에 이어 이번에 펴내는『가난은 유지되어야 한다』에는 그의 시를 관통하는 가리봉동으로 대표되는 구로 공단과 여성과 노동의 문제 등이 포함되어 있지만, 무엇보다 가난과 노동에 얽힌 삶의 내력을 가만가만 되짚어 보는 그의 나직하고 단단한 목소리가 물 흐르듯이 자연스럽고 감동 깊게 전해지는 시편들의 울림이 크다. 다시 말해 "시간을 품고 시계들이 죽어 있다 밥을 주지 않아서 죽어 있다"(「미완」)는 시구절에서 "잠시 머물다 지나가리라 생각한/ 가리봉동 구로에서/ 30년짜리 붙박이장"(시인 노트,「돌아보다」)과 같이 살아온 이의 불안한 시간의 흔적을 보게 되지만, 그것을 넘어서서 그곳에서의 불안정한 삶과 자리를 최우선으로 여기며 경배하는 이의, 이 시집만이 전해줄 수 있는 힘찬 삶의 찬가이자 노동의 노래와 만나는 귀한 경험과 함께할 수 있다.

김사이에 대하여

(김사이) 시인의 고백은 우리 사회를 한 단계 더 진보적인 영역으로 데려다줄 것이다. 이 고백들로 인해 우리들은 타자를 공감하고 또 다른 타자를 생각하며 공감의 영역을 확장하게 될 것이다. 그녀는 우리 시대의 새로운 전사다.

문종필, 「전사와 Romanticist의 시집」,
《계간 시작》 통권 제68호.

김사이의 시는 자본에 의해서, 남성에 의해서 거듭 소외당하는 여성 노동자의 목소리를 들려주고 있다. (...) '모두가 노동을 하는데 아무도 노동자이고 싶어하지 않는 시대'에 대다수가 빠져나오려 하는 약자의 삶 한가운데로 들어가 조용히 묻히고 있었던 여성 노동자의 언어를 끌어내고, 인간의 삶에서 사라지지 않는 본질이 무엇인지를 그 '장소'에서 끝까지 증언하고 있는 것이다.

노지영, 「호스피스의 문학, 사라지지 않은 민중의 장소들」,
《실천문학》 통권 102호.

K-포엣
가난은 유지되어야 한다

2023년 6월 30일 초판 1쇄 발행
2024년 7월 5일 초판 3쇄 발행

지은이 김사이
펴낸이 김재범
인쇄·제책 굿에그커뮤니케이션
종이 한솔PNS
펴낸곳 (주)아시아
출판등록 2006년 1월 27일 제406-2006-000004호
주소 경기도 파주시 회동길 445
전화 031.944.5058
팩스 070.7611.2505
홈페이지 www.bookasia.org
전자우편 bookasia@hanmail.net

ISBN 979-11-5662-317-5 (set) | 979-11-5662-635-0 (04810)
값은 뒤표지에 있습니다.

K-픽션 시리즈 | Korean Fiction Series

〈K-픽션〉 시리즈는 한국문학의 젊은 상상력입니다. 최근 발표된 가장 우수하고 흥미로운 작품을 엄선하여 출간하는 〈K-픽션〉은 한국문학의 생생한 현장을 국내외 독자들과 실시간으로 공유하고자 기획되었습니다. 〈바이링궐 에디션 한국 대표 소설〉 시리즈를 통해 검증된 탁월한 번역진이 참여하여 원작의 재미와 품격을 최대한 살린 〈K-픽션〉 시리즈는 매 계절마다 새로운 작품을 선보입니다.

001 버핏과의 저녁 식사-**박민규** Dinner with Buffett-**Park Min-gyu**
002 아르판-**박형서** Arpan-**Park hyoung su**
003 애드벌룬-**손보미** Hot Air Balloon-**Son Bo-mi**
004 나의 클린트 이스트우드-**오한기** My Clint Eastwood-**Oh Han-ki**
005 이베리아의 전갈-**최민우** Dishonored-**Choi Min-woo**
006 양의 미래-**황정은** Kong's Garden-**Hwang Jung-eun**
007 대니-**윤이형** Danny-**Yun I-hyeong**
008 퇴근-**천명관** Homecoming-**Cheon Myeong-kwan**
009 옥화-**금희** Ok-hwa-**Geum Hee**
010 시차-**백수린** Time Difference-**Baik Sou linne**
011 올드 맨 리버-**이장욱** Old Man River-**Lee Jang-wook**
012 권순찬과 착한 사람들-**이기호** Kwon Sun-chan and Nice People-**Lee Ki-ho**
013 알바생 자르기-**장강명** Fired-**Chang Kang-myoung**
014 어디로 가고 싶으신가요-**김애란** Where Would You Like To Go?-**Kim Ae-ran**
015 세상에서 가장 비싼 소설-**김민정** The World's Most Expensive Novel-**Kim Min-jung**
016 체스의 모든 것-**김금희** Everything About Chess-**Kim Keum-hee**
017 할로윈-**정한아** Halloween-**Chung Han-ah**
018 그 여름-**최은영** The Summer-**Choi Eunyoung**
019 어느 피씨주의자의 종생기-**구병모** The Story of P.C.-**Gu Byeong-mo**
020 모르는 영역-**권여선** An Unknown Realm-**Kwon Yeo-sun**
021 4월의 눈-**손원평** April Snow-**Sohn Won-pyung**
022 서우-**강화길** Seo-u-**Kang Hwa-gil**
023 가출-**조남주** Run Away-**Cho Nam-joo**
024 연애의 감정학-**백영옥** How to Break Up Like a Winner-**Baek Young-ok**
025 창모-**우다영** Chang-mo-**Woo Da-young**
026 검은 방-**정지아** The Black Room-**Jeong Ji-a**
027 도쿄의 마야-**장류진** Maya in Tokyo-**Jang Ryu-jin**
028 홀리데이 홈-**편혜영** Holiday Home-**Pyun Hye-young**
029 해피 투게더-**서장원** Happy Together-**Seo Jang-won**
030 골드러시-**서수진** Gold Rush-**Seo Su-jin**
031 당신이 보고 싶어하는 세상-**장강명** The World You Want to See-**Chang Kang-myoung**
032 지난밤 내 꿈에-**정한아** Last Night, In My Dream-**Chung Han-ah**
Special 휴가중인 시체-**김중혁** Corpse on Vacation-**Kim Jung-hyuk**
Special 사파에서-**방현석** Love in Sa Pa-**Bang Hyeon-seok**